Un tirón de la cola

Colección dirigida por

Francisco Antón

Mary Hoffman

Un tirón de la cola
Cuentos de animales de todo el mundo

Ilustraciones
Jan Ormerod

Versión
Francisco Antón

Actividades
Ramón Masnou

Primera edición, 2000
Reimpresiones, 2002, 2003
2004, 2006, 2007
Sexta reimpresión, 2008

Depósito Legal: B. 3.631-2008
ISBN: 978-84-316-5946-2
Núm. de Orden V.V.: AC67

© MARY HOFFMAN
Sobre el texto literario

© JAN ORMEROD
Sobre las ilustraciones

© FRANCES LINCOLN
Sobre la edición inglesa

© FRANCISCO ANTÓN
Sobre la versión española

© RAMÓN MASNOU
Sobre las notas y actividades

© VICENS VIVES PRIMARIA, S.A.
Sobre la presente edición según el art. 8 del Real Decreto Legislativo 1/1996.

Obra protegida por el RDL 1/1996, de 12 de abril, por el que se aprueba el Texto Refundido de la Ley de Propiedad Intelectual y por la LEY 23/2006, de 7 de julio. Los infractores de los derechos reconocidos a favor del titular o beneficiarios del © podrán ser demandados de acuerdo con los artículos 138 a 141 de dicha Ley y podrán ser sancionados con las penas señaladas en los artículos 270, 271 y 272 del Código Penal. Prohibida la reproducción total o parcial por cualquier medio, incluidos los sistemas electrónicos de almacenaje, de reproducción, así como el tratamiento informático. Reservado a favor del Editor el derecho de préstamo público, alquiler o cualquier otra forma de cesión de uso de este ejemplar.

IMPRESO EN ESPAÑA
PRINTED IN SPAIN

Editorial VICENS VIVES. Avda. de Sarriá, 130. E-08017 Barcelona.
Impreso por Gráficas INSTAR, S.A.

Índice

Un tirón de la cola

El caimán y el chacal 9
Cuento de la India

El leopardo ingenuo 17
Cuento de Namibia

La gata y los ratones 23
Cuento del Tíbet

El lobo que adoraba las ovejas 30
Cuento de Cabo Verde

El zorro y el indio fanfarrón 38
Cuento de los indios iroqueses

El conejo astuto 44
Cuento de Venezuela

El chacal azul   53
Cuento de la India

La carrera del zorro y el cangrejo   60
Cuento de la China

La urraca golosa   63
Cuento de Turquía

Una tortuga muy presumida   69
Cuento de Nigeria

El pelícano y el pez   75
Cuento de Malasia

Actividades   83

Un tirón de la cola

El caimán y el chacal

Cuento de la India

Un buen día, mientras paseaba por la orilla del río, un chacal descubrió un enjambre de cangrejos que correteaban de aquí para allá. «¡Vaya atracón me voy a dar!», se dijo el chacal, a quien enseguida se le hizo la boca agua porque los cangrejos de río eran su plato favorito.

Pero el chacal no era el único que se relamía los morros, ya que, escondido entre unos matorrales, un enorme caimán lo vigilaba de cerca y se decía: «¡Estoy de suerte!», porque ya se sabe que los caimanes se pirran por un chacal bien tierno.

Así pues, justo cuando el chacal se disponía a darse una panzada de cangrejos, el caimán salió de su escondrijo de puntillas con la intención de zampárselo.

Como el chacal no tenía ojos más que para los cangrejos, no vio que el caimán se le acercaba por detrás. De repente, el chacal oyó el entrechocar de unas mandíbulas, y al instante sintió que una de sus patas quedaba atrapada entre dos hileras de dientes.

«Como no se me ocurra algo y pronto», pensó el chacal, «este horrible lagarto me arrastrará bajo el agua, me ahogará y luego se dará un buen banquete a mi costa».

Por suerte, una buena idea le vino enseguida a la cabeza. Sobreponiéndose al dolor de la mordedura, el chacal le dijo al caimán en tono burlón:

—Debes de estar quedándote medio ciego, caimán. Le has dado un buen bocado a una caña, cuando me parece que lo que pretendías era hincarme el diente a mí.

«¡Maldita sea!», se lamentó el caimán, y soltó a su presa.

Al verse libre, el chacal pegó dos saltos y en menos que canta un gallo se alejó de los temibles dientes del caimán.

—¡Te he engañado como a un idiota! —se burló el chacal—. ¡A ver si la próxima vez espabilas, miserable lagarto!

Y el caimán, muerto de rabia y de vergüenza, se juró a sí mismo que aquel astuto chacal no se le volvería a escapar.

Al día siguiente, el chacal regresó al río a por su ración de cangrejos. «Hoy voy a andarme con cien ojos», se decía, «porque ayer me llevé un susto de muerte». Así que, como quien no quiere la cosa, el avispado chacal se puso a decir en voz alta:

—¿Dónde se habrán metido hoy mis sabrosos cangrejitos? Estarán escondidos bajo el barro... A ver si veo por algún lado las burbujas que sueltan siempre que respiran...

Tal y como el chacal había previsto, el caimán oyó aquellas palabras y decidió ponerse a hacer burbujas, al igual que un cangrejo, para atraer al chacal. De manera que puso el morro justo bajo la superficie del agua y empezó a resoplar con todas sus fuerzas.

Al ver salir del agua aquella tromba[1] de burbujas, el chacal exclamó:

—¡Vaya, vaya! No sé por qué, pero me parece que aquí hay un cangrejito que se me quiere zampar a mí... ¡Ya te he des-

---

1 **tromba**: chorro muy grande.

cubierto, ceporro! Pues mira por dónde, hoy te vas a quedar también con las ganas de hincarme el diente, porque he decidido irme a comer a un lugar más tranquilo.

Y, diciendo esto, puso pies en polvorosa.[2]

El caimán montó en cólera porque el chacal le había vuelto a tomar el pelo.

«¡No voy a descansar hasta que atrape a ese chacal del demonio! ¡Veremos si se ríe cuando lo tenga en la barriga!». Y se puso a pensar en cómo cazarlo. «Cada vez que se acerque al río se andará con cien ojos», se dijo, «así que lo mejor será que intente sorprenderlo en tierra. ¡Ya lo tengo! Lo atraparé cuando salga a buscar higos. El último sitio donde esperará encontrarme es entre las higueras».

De manera que al día siguiente, muy temprano por la mañana, el caimán se dirigió hacia un campo de higueras silvestres que había junto al río. Al llegar vio que el suelo estaba to-

---

2 **puso pies en polvorosa**: echó a correr.

do cubierto de higos maduros, y, como no encontró un lugar mejor donde esconderse, reunió un montón de higos con el morro y se ocultó como pudo bajo la enorme pila.

Poco después llegó el chacal y se paró en seco. «Aquí hay gato encerrado»,³ se dijo. Ante él se levantaba una tentadora pila de higos frescos, pero el montón tenía la sospechosa forma de un caimán.

—¡Atiza! ¡En mi vida había visto tantos higos juntos! —dijo el chacal en voz alta—. ¡Vaya suerte la mía! La lástima es que no sean de los que a mí me gustan… Yo prefiero los pequeños y jugosos, que aquí están medio enterrados bajo los grandes. Si soplara un poco de viento, seguro que dejaría los higos pequeños al descubierto…

«Si eso es lo que quiere», pensó el caimán, «no me costará nada complacerlo». Y al instante meneó la cola con tanta fuerza que los higos salieron volando en todas direcciones.

---

3 **hay gato encerrado**: hay algo oculto y que es una trampa.

—¡Oh, lo siento mucho, caimán, pero no era mi intención molestarte mientras comes! —dijo el chacal, en tono de burla, y puso tierra por medio.[4]

El caimán estaba que echaba chispas por los ojos.

«¡Maldita sea!», exclamó. «¡Como me llamo caimán que ese chacal desvergonzado no se me vuelve a escapar! Veamos qué se me ocurre… ¡Ya sé! Podría esperarlo oculto en su propia madriguera[5] hasta que regrese al caer la tarde».

Cuando se hizo de noche, y después de darse un atracón de cangrejos sin que nadie lo molestara, el chacal volvió tan campante a su casa. Pero antes de entrar en ella se dio cuenta de que tenía visita. En el suelo descubrió las huellas profundas de unas garras, y había signos evidentes[6] de que un animal de gran tamaño había forzado la estrecha entrada de la madriguera y se había colado en su interior.

El chacal reaccionó al instante:

—Mi querida casita, ¿qué te he hecho yo para que estés tan enfadada conmigo? —preguntó—. Es la primera vez que no me saludas cuando vuelvo a casa.

Aunque el caimán intentó contestar con una voz fina y delicada, sus palabras sonaron graves como las notas de un violón desafinado:

—Bienvenido, amo. Entrad a casa, os lo ruego.

«Vaya», se dijo el chacal; «empiezo a arrepentirme de haberme burlado tanto del caimán. Se ha propuesto cazarme y, si no le doy un buen susto, cualquier día lo conseguirá».

—Enseguida entro, casita —contestó el chacal—. Pero antes voy a recoger un poco de leña para prepararme la cena.

---

4 **puso tierra por medio**: huyó para escapar de un peligro.
5 **madriguera**: lugar donde viven y se esconden algunos animales.
6 **signos evidentes**: pruebas claras.

Un tirón de la cola

En un abrir y cerrar de ojos, el chacal reunió un montón de ramitas, las empujó dentro de la madriguera con la ayuda de un palo y les prendió fuego.

Unos segundos más tarde, el caimán salió pitando de la madriguera, medio asfixiado, sin parar de toser y con el morro chamuscado. El chacal se desternillaba de risa al ver cómo su enemigo se raspaba la piel entre los arbustos mientras corría a escape hacia el río. Lo único que el caimán deseaba ahora era llegar cuanto antes al agua para ponerse a remojo y apagar el fuego que se le había prendido en la cola.

A partir de aquel día, el caimán aborreció para siempre la carne de chacal y decidió alimentarse solo de cangrejos.

El leopardo ingenuo

Cuento de Namibia

Después de un agotador día de caza sin haber conseguido atrapar un solo animal, un joven leopardo volvía a casa cuando, de repente, se topó con un enorme carnero. El leopardo no había visto en su vida una criatura como aquélla y, como no tenía la menor idea de si era peligrosa o no, decidió llevar mucho cuidado por si las moscas.

—Buenas tardes, amigo —le dijo el leopardo con mucha amabilidad y una sonrisa de oreja a oreja—. Creo que no tengo el placer de conoceros. ¿Con quién tengo el honor de hablar?

«¡Ahora sí que la he fastidiado!», pensó el carnero, echándose a temblar; «¡mira que irme a topar con un leopardo, el peor enemigo de los carneros! ¿Y qué podría hacer yo ahora para impedir que esta bestia salvaje me devore en un plisplas? Como tiene cara de pardillo, probaré a hacerle creer que soy muy fiero». De modo que, esforzándose por poner una voz espantosa, el carnero baló:

—Soy el gran carnero, el terror de todos los animales fieros. ¿Se puede saber quién eres tú y qué te trae por estas tierras?

—¡Oh, yo no soy más que un humilde leopardo, señor…! —dijo el joven animal, temblando de pies a cabeza—. Y solo pasaba por aquí de vuelta a casa. Espero no haberos molestado… Así que, si no os importa, querría continuar mi camino.

Y dicho eso, el leopardo echó a correr tan rápido como se lo permitieron sus temblorosas patas.

Tras haber recorrido varios kilómetros a escape, el leopardo, con la lengua fuera, se metió entre unos arbustos a descansar. Poco después pasó por allí un chacal, que, al ver temblar al leopardo, pensó que algún terrible peligro los amenazaba.

—¿Qué demonios ocurre? —preguntó el chacal, asustado.

—Oh, amigo mío —dijo el leopardo, resoplando—, no puedes ni imaginarte de la que me acabo de librar. ¡Estoy vivo de milagro! Volvía tranquilamente a casa cuando de repente me he encontrado cara a cara con el gran… —e hizo una pausa, como si le asustara nombrarlo—, el GRAN CARNERO, el terror de todos los animales fieros.

—¡Con el gran carnero! —exclamó el chacal, partiéndose de risa—. ¡Mira que eres idiota! ¡Te acabas de perder una de las comidas más sabrosas del mundo, tonto de capirote!

Mientras reía, al chacal se le ocurrió una buena idea.

—Escúchame bien, leopardo —le dijo—. Si me acompañas mañana al lugar donde has encontrado al carnero, podemos atacarlo entre los dos, y ya verás qué panzada de comer nos vamos a dar. Tú deja el asunto en mis manos, y no te preocupes.

Y, tras decir aquellas palabras, el chacal se alejó con un alegre trotecillo, dejando al leopardo boquiabierto y admirado:

«¡Ojalá fuera yo la mitad de valiente que el chacal!», pensó el leopardo con envidia.

Ahora bien, el chacal sabía que al leopardo se le había metido el miedo en el cuerpo, y estaba seguro de que al día siguiente pondría mil y una excusas para evitar enfrentarse con el carnero. Así que ideó un plan, y, cuando volvió al día siguiente, le dijo al leopardo:

—He traído esta correa de piel. Voy a atarte el cuello con uno de sus extremos, y el otro lo anudaré a mi cintura. De esa manera no nos separaremos ni un solo momento, y tú podrás estar tranquilo porque no correrás ningún peligro.

Al leopardo no pareció convencerle demasiado la idea, pero no tuvo más remedio que dejarse atar y conducir hasta el temido carnero.

Conforme el chacal y el leopardo se acercaban, el carnero levantó la cabeza, olfateó el aire y le dijo en voz baja y triste a su esposa:

—Cariño, me parece que nos quedan tan solo unos minutos de vida. El leopardo viene a por nosotros, y no creo que esta vez pueda engañarlo tan fácilmente.

Pero su esposa tuvo una brillante ocurrencia.[1]

—Si coges en brazos a nuestro hijito —le dijo—, todavía tenemos una oportunidad de salvarnos.

Y, tras acercarle el corderito con el morro, le explicó su plan al oído.

En eso aparecieron el chacal y el leopardo. Nada más llegar, el chacal notó un fortísimo tirón de la correa que casi le deja sin respiración, por lo que imaginó que su joven compañero quería dar media vuelta y regresar a su casa. Sin embargo, el chacal sabía que la correa estaba muy bien atada y que el leopardo no podría huir por mucho que se lo propusiera. Lo que no sabía el chacal era que el carnero demostraría todo su ingenio y valentía en aquel momento de peligro.

—¡Querido chacal, muchísimas gracias por traernos un leopardo! —dijo el carnero, con mucha sangre fría—.[2] Mi esposa y yo ya no sabíamos qué hacer para que nuestro hijo comiera. Cada vez que le traemos un poco de hierba fresca, aparta la cabeza y se da media vuelta. Y es que, desde que probó la carne de leopardo, ya no quiere comer otra cosa.

---

1 **una brillante ocurrencia**: una idea muy buena.
2 **con sangre fría**: con tranquilidad en una situación difícil.

Entonces, a escondidas, la oveja le dio un bocadito en la cola a la criatura, y el corderito soltó un balido estridente³ que estuvo a punto de dejarlos sordos a todos.

Al leopardo, que había escuchado con terror las palabras del carnero, se le puso la piel de gallina al oír aquel espantoso grito del cordero que parecía reclamar carne de leopardo. Aquello era ya demasiado para el joven animal, que, horrorizado, se dio media vuelta y salió disparado como alma que lleva el diablo, arrastrando tras de sí al pobre chacal, que se dejó la piel entre los matorrales y los arbustos.

El leopardo había quedado tan aterrorizado con aquel encuentro, y el chacal estaba tan rasguñado y molido por la carrera que, después de aquello, los dos decidieron dejar en paz al carnero y a su familia por siempre jamás.

3 **estridente**: un sonido tan agudo que molesta mucho.

La gata y los ratones
Cuento del Tíbet

Érase que se era una gata que durante muchos años había vivido tranquila y bien alimentada en una casa de campo. Mientras fue joven y fuerte pudo cazar todos los ratones que le venían en gana. Pero ahora se estaba haciendo vieja y, como cada día que pasaba se movía menos, había engordado mucho; así que, cuando echaba a correr tras un ratón, se cansaba enseguida y pocas veces conseguía atrapar a un solo roedor.[1]

Aquello no podía continuar así. De manera que, cavila que cavilarás,[2] un día se le ocurrió un plan muy astuto.

La gata se plantó en medio del granero[3] y, levantando la voz, se dirigió a los ratones que se ocultaban entre las vigas y les suplicó que bajaran de allí un momento.

---

1 **roedor**: ratón.
2 **cavila que cavilarás**: tras pensarlo mucho.
3 **granero**: almacén donde se guardan y conservan los cereales.

—¡No temáis! —añadió—. Os prometo que no os haré ningún daño.

Aunque no las tenían todas consigo,[4] los ratones fueron bajando poco a poco de las vigas. Cuando los tuvo a todos reunidos ante ella, la gata puso cara de santa y de apenada y les largó el siguiente discurso:

—Mis queridos amigos: Yo ya soy vieja y siento que voy a morir muy pronto. Por eso ha llegado la hora de que haga examen de conciencia[5] y me arrepienta de mis pecados. Tengo que reconocerlo: he sido una gata muy malvada.

Los ratones la miraban, entre sorprendidos y recelosos,[6] y decían que sí con la cabeza, pero no acababan de entender adónde quería ir a parar la gata con aquellas palabras.

—Sé que durante mucho tiempo —continuó la gata— he sido una verdadera pesadilla para todos vosotros, pequeños y mayores, y os confieso que estoy profundamente avergonzada de mí misma. Pero os juro que, de ahora en adelante, no volveré a cazar nunca más a un solo ratón.

Los ratones suspiraron aliviados[7] al oír aquellas palabras de arrepentimiento.

—Pero, a cambio —concluyó la gata—, solo os pido un pequeño favor: Os ruego que todos los días, una vez por la mañana y otra por la noche, desfiléis uno tras otro en hilera y, al pasar delante de mí, me saludéis haciendo una pequeña reverencia.[8] Eso me demostrará que confiáis en mí y que me habéis perdonado. Creo que no es pedir demasiado, ¿no os parece?

---

4 **no las tenían todas consigo**: desconfiaban.
5 **hacer examen de conciencia**: pensar sobre lo que se ha hecho mal en el pasado.
6 **recelosos**: que no se fían.
7 **aliviados**: más tranquilos.
8 **reverencia**: saludo que se hace inclinando el cuerpo.

Todos los ratones estuvieron de acuerdo en que aquél era un precio que merecía la pena pagar por disfrutar para siempre de paz y tranquilidad.

Así que, aquella misma noche, la gata se dirigió a un extremo del granero, se subió a un saco de arroz y gritó: «¡Adelante!». Entonces los ratones salieron de una grieta de la pared y empezaron a desfilar en hilera, uno tras otro, hasta que desaparecieron por otra grieta situada en el extremo opuesto del granero.

Pero ningún ratón debería fiarse nunca de las promesas de una gata... Lo que la vieja y astuta criatura había planeado era devolver el saludo y dedicarle una sonrisita hipócrita[9] a cada uno de los ratones que desfilaran ante ella..., menos al último, al que pensaba atrapar con sus garras y devorar sin compasión. «Hay tantos ratones en este granero», pensó, «que ninguno se dará cuenta si cada día desaparecen dos de ellos».

La gata llevó a cabo su plan, y, durante unos días, la astuta vieja no tuvo que hacer el menor esfuerzo para alimentarse.

Pero entre los ratones había dos amigos llamados Lu-sin y Lin-piao que eran más listos que el hambre, y muy pronto se dieron cuenta de que allí pasaba algo raro.

—Aquí hay gato encerrado[10] —dijo Lin-piao.

Así que, después de pensárselo mucho, los dos amigos decidieron que lo mejor sería que Lu-sin encabezara[11] siempre el desfile y Lin-piao caminara al final de la hilera, y que, durante todo el recorrido, se fueran hablando el uno al otro para asegurarse de que todo iba bien.

Aquella noche, cuando Lu-sin pasó ante la gata, le hizo una reverencia y exclamó con una vocecita aguda:

—¡Cuando la gata no está los ratones bailan!

—¡Pero hay que llevar mucho cuidado con las gatas viejas! —respondió Lin-piao.

—¡Y no olvidar nunca que tienen siete vidas! —le advirtió Lu-sin.

—Pero si somos listos, nos llevaremos la gata al agua.[12]

—Será fácil, porque no somos precisamente cuatro gatos.

---

9 **hipócrita**: falsa.
10 **hay gato encerrado**: hay algo que no se entiende y que es una trampa.
11 **encabezara**: fuera en cabeza, al principio de la hilera.
12 **llevarse el gato al agua**: conseguir lo que se quiere.

Ante la sorpresa y la irritación de la gata, los ratones no dejaron de hablarse mientras duró el desfile, de manera que aquella noche la vieja gata se quedó sin cena.

Cuando se quedó a solas, se puso hecha una verdadera furia. Pero como nada ganaba con alterarse, decidió armarse de paciencia: «Después de todo», pensó, «si esos dos malditos ratones son tan amigos, puede que esta noche decidan ir juntos en medio de la hilera. Y quién sabe si, con un poco de suerte, al final de la fila no irá un ratón regordete y delicioso…».

Pero al pasar por delante de la gata, Lin-piao había visto cómo al viejo animal le temblaban las garras de rabia y desesperación, así que decidió contárselo a los demás ratones.

Ahora todos sabían las verdaderas intenciones de la gata.

—¡Llevad cuidado! —les advirtió Lin-piao—. Está tan furiosa y tan hambrienta que en cualquier momento puede saltar sobre uno de nosotros.

Al día siguiente se repitió el desfile y, cuando Lu-sin pasó ante la gata, dijo:

— Me parece que esta gata tiene muy malas pulgas.

—Será porque está hecha un pellejo —añadió Lin-piao.

Y así era, en efecto, pues, a causa del hambre, la gata estaba cada vez más flaca y más nerviosa. Así que, al oír la guasa que se traían entre Lin-piao y Lu-sin, perdió los estribos[13] y lanzó un zarpazo muy torpe contra el ratón que le quedaba más cerca; pero, como estaba prevenido, el ratón logró esqui-

---

[13] **perdió los estribos**: se puso muy nerviosa e hizo algo que no le convenía.

var el golpe y echó a correr hacia la grieta de la pared, con lo que la gata se quedó con un palmo de narices.

Cuando los ratones se dieron cuenta de que la gata no podía ya cazar ni una hormiga, empezaron a pasearse tranquilos y alegres por las vigas del granero.

Muerta de hambre, la gata no tuvo más remedio que marcharse a otra casa de campo a probar suerte. A partir de entonces, los ratones vivieron sin preocupaciones, y, para celebrar la marcha de la gata, todos los días hacían un divertido desfile y saludaban con una reverencia a sus héroes Lin-piao y Lu-sin.

El lobo que adoraba las ovejas
Cuento de Cabo Verde

Venancio era un lobo al que le encantaban las ovejas. Solía trepar hasta las rocas de una pequeña colina y, una vez allí, disfrutaba viendo cómo las ovejas se comían la hierba del prado. Entonces les dedicaba una sonrisa de oreja a oreja y les mostraba sus afilados dientes blancos.

«Adoro las ovejas», se repetía Venancio una y otra vez; «me gustan todas, sean grandes o pequeñas; pero en cuanto veo una oveja gordita me vuelvo loco».

La oveja preferida de Venancio se llamaba Adela. Era la más regordeta del rebaño, y por eso a Venancio se le iban los ojos detrás de ella. Como Adela era muy presumida, se ponía muy contenta al comprobar que a Venancio se le caía la baba cada vez que la miraba.

«Es muy natural que Venancio se haya fijado en mí, porque soy la más bonita de todo el rebaño», se dijo Adela un buen día y, a continuación, empezó a guiñarle un ojo al lobo.

Al ver los guiños de Adela, Venancio sintió que el corazón le saltaba en el pecho y bajó corriendo de las rocas para charlar con ella.

—¿Me buscas a mí? ¿Qué quieres? —le preguntó Adela.

—Oh, nada de particular... —respondió Venancio—. Tan solo pretendía hablar un rato contigo. Me gustan mucho las ovejas, ¿sabes? —y luego añadió para sus adentros: «sobre todo las gorditas como tú».

—¿Quieres que te firme un autógrafo? —le preguntó Adela.

—Bueno, no era eso lo que te pensaba pedir... —contestó Venancio—. Lo que quiero son tus preciosos morritos y tus redondas piernecitas ¡para la cena de esta noche! —y se preparó para saltar sobre la insensata oveja.

El peligro hizo reaccionar enseguida a Adela. De repente se dio cuenta de lo estúpida que había sido al ponerse a coquetear con un lobo.

—Para mí sería un gran honor servirte de cena esta noche, Venancio —dijo Adela—; pero todavía no estoy lo bastante sa-

brosa para un lobo como tú. Permíteme que coma, durante unos días, la hierba más jugosa del valle, y engordaré un poquito más. Si vuelves dentro de un mes, me habré convertido en el bocado más apetitoso que hayas probado jamás.

—¡Ésa es una idea estupenda! —exclamó Venancio, y se marchó riéndose de lo estúpida que era Adela.

Al cabo de un mes, Venancio volvió a buscar a la oveja y la encontró tendida de espaldas y con las patas apoyadas en una roca enorme.

—¡No sabes cuánto me alegro de verte, Venancio! —exclamó Adela, jadeando—.[1] Esta roca ha estado a punto de caer sobre la casa del pastor. Si no llego a interponerme, habría aplastado a mi pobre dueño y entonces habrían tenido que vender todas sus ovejas. De momento he podido evitarlo, pero ahora siento que las patas me flaquean.[2] ¿Por qué no me haces el favor de sustituirme un rato?

«¡Todas las ovejas vendidas! ¡Tengo que impedirlo como sea!», se dijo el lobo, que ya se imaginaba pasando hambre el resto de su vida. Así que, sin pensarlo dos veces, se deslizó junto a Adela y apoyó con fuerza sus patas contra la roca.

—¡Muchísimas gracias! —exclamó Adela mientras se alejaba corriendo hacia el rebaño—. ¡Volveré en cuanto haya descansado!

Venancio se pasó dos días enteros bajo la roca y sin pegar ojo, esperando pacientemente el regreso de Adela. Al final, agotado por el esfuerzo, se dijo: «Como no salga pronto de aquí, esta roca enorme acabará por aplastarme». Pero al salir de allí, la roca no se movió ni un palmo. ¡La oveja le había tomado el pelo!

---

1 **jadeando**: respirando con dificultad debido al cansancio.
2 **me flaquean**: me tiemblan.

Hecho una furia y muerto de hambre, Venancio fue corriendo a buscar a Adela. Cuando por fin dio con ella, la acorraló y le dijo con un gruñido:

—¡Es hora de cenar!

La oveja intentó mantener la calma, aunque el corazón le latía a toda velocidad.

—¡Es una verdadera lástima! —le dijo—. Si me comes ahora te llenarás el estómago y no te quedará ni un hueco para el sabrosísimo queso redondo que esta noche flotará en el lago.

«¿Un queso?», se dijo Venancio relamiéndose los morros. Y es que, aunque el lobo tenía mucha hambre, no le hacía ninguna gracia perderse aquel queso tan delicioso.

—Bueno, no pasa nada si espero hasta mañana para devorarte —le dijo a Adela—. Aguardaremos aquí hasta que se haga de noche y aparezca el queso.

Muy pronto anocheció y la luna llena se elevó en el cielo. Adela acompañó a Venancio al lago y le mostró el enorme queso redondo y dorado que resplandecía sobre la superficie del agua. Nada más verlo, el lobo se lanzó de cabeza al lago, pero por más que se acercaba al queso, no conseguía hincarle los dientes. Cada vez que lo intentaba, el queso se disolvía en miles de gotas de agua doradas. Le daba un bocado tras otro, pero no lograba atraparlo, hasta que al fin, rendido de cansancio, el lobo se dio por vencido.

Venancio salió del lago arrastrándose, jadeando y empapado de agua hasta los huesos. Entonces vio a un pájaro que pasaba volando por allí y le preguntó qué demonios le ocurría a aquel queso.

—Eso que llamas "queso" es la luna, idiota —le contestó el pájaro—. ¡Has estado intentando comerte el reflejo de la luna en el agua, cebollino!

—¡Groooor...! —gruñó Venancio—. ¡Esa maldita oveja me ha tomado por tonto y se ha vuelto a burlar de mí!

El lobo se sacudió el agua y salió disparado a por Adela.

—¡Eso no era un queso, mentirosa! —gruñó Venancio—. ¡Era el reflejo de la luna!

—Lo siento mucho, Venancio —baló la oveja—, pero no era mi intención engañarte... Te ruego que me perdones, pues ya sabes que no soy más que una estúpida oveja.

—¿Perdonarte? —bramó Venancio—. Ya me has engañado dos veces y no estoy dispuesto a dejarte escapar una vez más.

Y, dicho eso, abrió tanto la boca que hubiera podido tragarse a la oveja de un solo bocado.

—Está bien... —baló Adela, temblando de pies a cabeza—. Ya veo que esta noche no me voy a librar de convertirme en tu cena. Espero que te haga buen provecho. Pero déjame pedirte primero un favor.

—¿Un favor? —exclamó Venancio—. ¿Después de todos tus trucos?

—Vamos, encanto, sé bueno... —dijo Adela—. Tan solo te pido que me tragues entera. Me horroriza pensar que vas a descuartizarme con esos dientes afilados que tienes y que luego me masticarás poco a poco.

A Venancio tanto le daba tragársela de un bocado como saborearla mordisco a mordisco. Lo que quería era zamparse a la oveja cuanto antes.

—Como prefieras —dijo el lobo, y abrió la boca un poco más todavía.

—Cierra los ojos y da un paso atrás —le pidió Adela—. Tomaré carrera para meterme de cabeza en tu boca.

Venancio cerró los ojos, y un instante después, el pobre animal no paraba de toser y escupir porque se asfixiaba. Y es que Adela le había metido en la boca una buena brazada de plantas llenas de espinas.

—¡Tienes un sabor asqueroso, Adela! ¡Y hay que ver cómo pinchas! —bramó Venancio al tiempo que corría desesperado al lago para calmar con agua su garganta ardiente—. ¡Prefiero morirme de hambre antes que comerte!

Y nunca más intentó zamparse de nuevo a Adela. Pero la oveja también aprendió una lección: no se le volvió a ocurrir guiñarle el ojo a un lobo. Por si acaso.

El zorro y el indio fanfarrón
Cuento de los indios iroqueses

Un zorro muerto de hambre paseaba un buen día a lo largo de un camino. Las tripas le hacían tanto ruido que a duras penas pudo oír que alguien se le acercaba por detrás. Por suerte, el que lo seguía se puso a cantar y, al oírlo, el zorro corrió a esconderse detrás de unos matorrales.

Al cabo de unos instantes vio aparecer una larga pluma tras una cuesta del camino. El zorro se encogió, tensó los músculos y se preparó para saltar sobre lo que no podía ser más que un pájaro. ¡Imaginaos la sorpresa que se llevó al ver que el "pájaro" iba montado en un caballo! Y es que la pluma no era más que el adorno que llevaba en el pelo un joven indio que cabalgaba por el camino mientras entonaba esta canción:

> El guerrero más valiente y el amigo más honesto,
> el pescador que más pesca y el jinete más apuesto
> se llama Pluma de Halcón; lo digo con optimismo
> pues, como todos sabéis, Pluma de Halcón soy yo mismo.

Al zorro le importaba un pimiento que el hombre fuera valiente o apuesto, pero al oír la palabra "pescador" las orejas le crecieron un palmo, porque ya se sabe que donde hay pescadores hay peces; y el zorro se pirraba por un buen pescado

fresco. Así que empezó a olfatear hasta que percibió un delicioso olor a pescado que provenía de la bolsa de piel del joven.

Pluma de Halcón continuó con su vanidosa canción. Se dirigía a pedir la mano de una jovencita que se llamaba Esbelta Garza, e iba cantando sus propias virtudes para darse ánimos:

El hombre más ingenioso y el que conoce más cosas
el más amable, el más tierno, el de plumas más hermosas
se llama Pluma de Halcón; lo digo con optimismo
pues, como todos sabéis, Pluma de Halcón soy yo mismo.

El zorro, antes de que el joven se acercara más, se tumbó en medio del camino y se hizo el muerto. Muy pronto oyó el ruido de los cascos del caballo y el sonsonete de la canción:

—*El hombre más recio y fuerte, el que...*, ¿qué demonios es esto? ¿Un zorro muerto? ¡Vaya suerte que he tenido! Cuando la madre de Esbelta Garza vea el zorro, pensará que soy un cazador de primera. No es fácil cazar un zorro y, aunque éste es un ejemplar flaco y esmirriado, seguro que le impresiona.

Así que recogió el zorro, lo echó en la bolsa del pescado y la ató bien fuerte con una cuerda. Luego montó de nuevo en el caballo y retomó su canción:

—*El cazador que más caza se llama Pluma de Halcón...*

En el interior de la bolsa, el zorro se encontró rodeado de un montón de exquisitos pescados, por lo que la boca se le hizo agua. De manera que mordisqueó la bolsa con sus afilados dientes hasta que consiguió hacerle un agujero, y, uno a uno, todos los pescados fueron cayendo al suelo. Al final, el mismo zorro saltó a tierra sin que Pluma de Halcón se diera cuenta, tan estusiasmado estaba con su canción.

El zorro regresó por el camino, parándose a comer cada uno de los pescados que habían caído de la bolsa.

—Conque "un ejemplar flaco y esmirriado", ¿eh? —dijo el zorro, relamiéndose los morros—. ¡Pues si me vieras ahora la barriga, no pensarías lo mismo, fanfarrón!...[1] —añadió, desternillándose de risa.

Mientras tanto, Pluma de Halcón había llegado ya a casa de su prometida Esbelta Garza y, sin bajar del caballo, empezó a cantar su insoportable canción, presumiendo de lo inteligente, sabio, apuesto y valiente que era, y proclamando a los cuatro vientos que en todo el mundo no había un cazador mejor o un pescador más diestro[2] que él. (Cuando la verdad es que había conseguido aquellos pescados intercambiándolos por los mocasines[3] de su madre, y no precisamente con una caña y un anzuelo).

Todos los vecinos de Esbelta Garza se congregaron[4] alrededor de Pluma de Halcón para admirar su inteligencia y valentía. El joven fanfarrón se apeó del caballo y, sin parar un momento de cantar, echó mano de su bolsa de pescado para demostrarles a Esbelta Garza y a su madre lo bien atendidas que estarían en cuanto la muchacha se casara con él. Pero cuando se dio cuenta de que el saco estaba vacío y de que lo único que había en su interior era un enorme agujero, Pluma de Halcón se quedó helado y sin habla.

De repente se le habían quitado las ganas de cantar. Miró y remiró por todas partes, pero ni el zorro ni los pescados aparecieron. Así que se montó de nuevo en su caballo, dio media vuelta y, muerto de vergüenza, se volvió hacia su casa.

---

1 **fanfarrón**: que dice cosas para hacer creer a los demás que es mejor que ellos, aunque no lo sea.
2 **diestro**: muy hábil.
3 **mocasines**: calzado de piel que usaban los indios de Norteamérica.
4 **se congregaron**: se reunieron.

Los vecinos de Esbelta Garza se echaron a reír y, para burlarse de aquel joven tan creído, se pusieron a cantarle la siguiente canción:

*Pluma de Halcón es el hombre embustero, torpe y necio
que mintiendo a todas horas se ganó nuestro desprecio.
Así que olvídate ya de tu orgullo, fanfarrón,
pues no hay nadie que no sepa que tú eres Pluma de Halcón.*

De regreso a su guarida,⁵ el zorro lanzó un eructo de satisfacción después de su abundante y sabrosa comida, mientras pensaba con una sonrisa en los labios: «Una cosa es atrapar a un zorro y otra bien distinta impedir que se te escape».

---

5 **guarida**: sitio oculto donde se esconden los animales.

El conejo astuto
Cuento de Venezuela

Érase una vez un conejo muy astuto[1] que poseía una pequeña granja. Su mejor amigo era un precioso loro que tenía unas vistosas alas rojas, amarillas y azules, y una larga cola azul y roja.

Los dos amigos eran bastante perezosos. Al conejo no le gustaba nada el duro trabajo de cavar la tierra, sembrar los campos y regarlos; más insoportable aún se le hacía tener que recoger la cosecha y llevarla al mercado. Al loro, por su parte, no le hacía ninguna gracia que su amigo estuviera todo el día trabajando en la granja, porque de ese modo nunca podía jugar con él. Así que, un buen día, el loro decidió vender la granja.

Primero se la ofreció a una gallina morena y rolliza:

—¿Te gustaría comprarme la granja? —le preguntó.

—Te la puedes quedar por cien pesos —añadió el loro.

«¿Cien pesos?», pensó la gallina. «Desde luego es muy barata».

---

1 **astuto**: muy listo.

Y decidió comprarla.

—Si me entregas el dinero ahora mismo —dijo el conejo—, la granja será tuya el día de la cosecha.

La gallina soltó el dinero y de esa manera se cerró el trato.

Pero el conejo era un pillo de mucho cuidado y, a lo largo de aquel mismo día, le vendió la granja a un astuto zorro rojizo, a un perro del color de la miel, a un jaguar lustroso y moteado[1] y hasta a un hombre con cara de pocos amigos. Y con todos ellos hizo el mismo trato.

El conejo y el zorro contaron el dinero que les habían sacado a todos y aquella noche se fueron a dormir tan contentos.

El día de la cosecha el conejo se levantó muy temprano y recogió todo el maíz, mientras el loro vigilaba desde la rama más alta de un árbol. Cuando vio llegar a la gallina morena balanceando su cuerpo, el loro le advirtió a su amigo a voz en grito:

—¡Conejo, alerta, que por esa colina se acerca la gallina!

—He venido a que me entregues la granja —dijo la gallina.

—Naturalmente… —contestó el conejo—. Pero siéntate un momento a refrescarte con esta limonada. ¿Te gustaría tomar también unos granos de maíz?

En ese momento, el loro vio acercarse al astuto zorro rojo por el camino y exclamó:

—¡Atento, conejo, y sigue echándole morro, que por el camino veo llegar al zorro!

—¡Vamos, deprisa! —le dijo el conejo a la gallina—. ¡Escóndete en el cesto del maíz, que viene el zorro!

Muerta de miedo, la gallina se metió de cabeza en el cesto.

—He venido a que me entregues la granja —dijo el zorro.

—Naturalmente… —le contestó el conejo—. Pero debes de estar muy cansado; ¿por qué no te sientas a refrescarte con esta limonada? Ah, y si te apetece, te puedo ofrecer también una gallina la mar de rolliza…

---

1 **lustroso**: que tiene brillo; **moteado**: lleno de *motas* o manchas.

Pero en aquel preciso instante el loro vio que el perro se acercaba a toda prisa.

—¡Peligro, mucha atención, que veo venir al perro marrón! —gritó el loro.

—¡Vamos, rápido! —le advirtió el conejo al zorro—. ¡Escóndete bajo esta manta de colores, que ya intentaré yo deshacerme del perro!

Cuando el perro llegó, se puso a olfatear por todos los rincones y le dijo al conejo:

—He venido a que me entregues la granja.

—Naturalmente… —respondió el conejo—. Pero siéntate y descansa un poco. Y mientras te tomas esta limonada quizá me podrías ayudar a resolver un pequeño problema. Me parece que un zorro ronda por la granja…

Pero en ese momento el loro avistó por el camino al lustroso jaguar moteado y exclamó:

—¡Me tiembla el pico, la sangre se me ha helado, porque viene corriendo el jaguar moteado!

—¡Vamos, deprisa! —le dijo el conejo al perro—. Más vale que te escondas detrás de aquella mecedora o el jaguar te devorará.

Así que el perro se escondió de un salto.

—He venido a que me entregues la granja —dijo el jaguar, husmeando por todos lados—. ¡Vamos, date prisa, que todavía no he desayunado!

—Pues ve tomándote esta limonada —le dijo el conejo, asustado— mientras te busco algo para comer…

Desde lo alto del árbol, el loro vio que el hombre se acercaba a grandes pasos.

—¡Sálvese quien pueda, auxilio, alarma, que se acerca el hombre cargado con un arma! —gritó el loro mientras descendía del árbol.

—¡Rápido! —le dijo el conejo al tembloroso jaguar—. ¡Salta y ocúltate en mi hamaca!

Y así lo hizo el jaguar.

Al llegar el hombre se plantó ante el conejo y gruñó:

—He venido a que me entregues la granja.

—Claro, claro… —respondió el conejo—. Pero siéntate primero a tomarte una limonada.

En ese momento la gallina se acabó todos los granos de maíz y salió volando del cesto a buscar más. Al verla, el zorro apartó la manta a un lado y persiguió a la gallina a lo largo del camino. Pero también el perro vio al zorro y echó a correr tras él. El hambriento jaguar, por su parte, saltó con un gruñido de la hamaca y fue a cazar al perro, mientras que el hombre salió disparado como una flecha tras el jaguar apuntándole con el fusil.

Poco después la granja se quedó tranquila y silenciosa. El astuto conejo y el precioso loro se sentaron a tomarse la limonada que nadie había conseguido probar.

—Tiene gracia que, después de todo, a nadie le haya interesado quedarse con la granja —dijo el conejo mientras clasificaba y amontonaba el dinero.

—Es verdad —respondió el loro, desplegando sus hermosas alas—. No puedo entender cómo a la gente le cuesta tanto decidirse.

—¡Qué más da! Por suerte tenemos ya recogida la cosecha —exclamó el conejo señalando tanto el maíz como los billetes.

Y los dos se echaron a reír.

—¿Qué te parece si jugamos un rato? —dijo el loro.

—¡Vamos a jugar al escondite! —propuso el conejo—. ¡Hoy he descubierto un montón de sitios donde ocultar mis orejas!

Así que se pasaron el resto del día jugando.

El chacal azul

Cuento de la India

Había una vez un chacal que vivía con su familia en un bosque de la India. Él era el más curioso de todos sus hermanos, pero su costumbre de meter la nariz en todas partes a menudo le traía muchos problemas.

Un buen día salió a dar un paseo y llegó hasta las afueras de un pueblo que había junto al bosque. Se acercó a una casa y vio que sus dueños tenían, en el patio trasero, una bañera llena de un extraño líquido. Movido por su insaciable curiosidad, el chacal se empinó para ver el líquido más de cerca, lo olisqueó, se estiró para tocarlo con la pata y… ¡plaf!, se cayó de cabeza a la bañera. Como aquella casa pertenecía a un sastre, la bañera estaba llena de un brillante tinte azul llamado añil, que se usa para teñir telas y pañuelos.

El chacal, chapoteando en el tinte, se esforzaba por salir de la bañera, pero no lo conseguía porque sus paredes eran resbaladizas y muy empinadas. De repente oyó unos pasos y decidió hacerse el muerto.

El que se acercaba hacia él no era otro que el sastre, quien, al ver al chacal en su bañera, montó en cólera y exclamó:

—¿Qué es esto? ¡Un chacal ahogado en mi mejor tinte añil! ¡Esta bestia me ha echado a perder mi precioso tinte!

Y sacó al pobre animal de la bañera. Al instante, el chacal "muerto" resucitó y echó a correr hacia el bosque. El sastre se lo quedó mirando, asombrado, se rascó la cabeza y se preguntó por qué demonios se tenía que hacer el muerto un chacal en su bañera de tinte añil. Pero por más que lo pensó, nunca consiguió averiguarlo.

Cuando el chacal llegó al bosque, se paró ante un charco y se miró en la superficie del agua. ¡Imaginaos la sorpresa que se llevó al ver la cara azul de un chacal! Y cuando se dio media vuelta, vio la cola azul de un chacal. Y cuando levantó la pata delantera, vio la pezuña azul de un chacal.

—¡Mira que estoy guapo! —exclamó—. Seguro que este precioso abrigo azul va a traerme buena suerte. ¿Cómo podría sacarle partido? —se preguntó.

Al cabo de un rato el chacal se encontró con sus hermanos, que a duras penas lo reconocieron.

—¿Eres tú nuestro hermano? —le preguntaron—. ¿Pero qué te ha pasado?

—No os lo vais a creer —respondió el chacal azul—, pero la diosa de los bosques me ha escogido para ser el rey de este lugar. Ha sido ella quien me ha cambiado el color de la piel para demostraros a todos que soy diferente. A partir de ahora, tendréis que obedecerme.

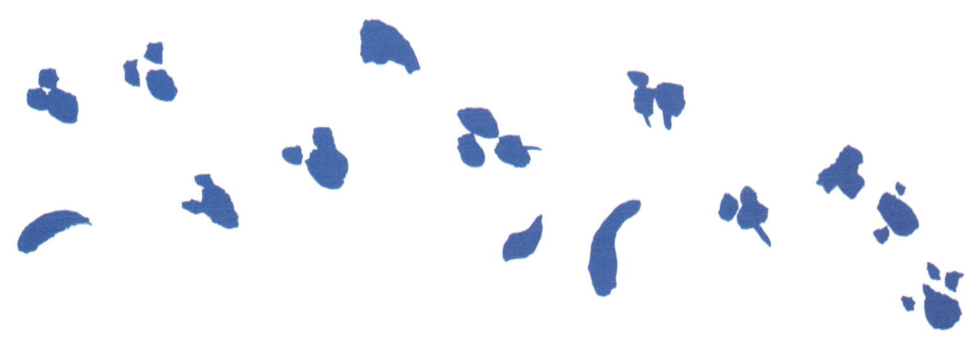

Los otros chacales tuvieron que admitir que, en efecto, él era ahora diferente. Jamás en su vida habían visto un chacal azul, así que pensaron que sería mejor hacer lo que les ordenara.

Pero al chacal azul no le bastaba con dominar a su familia y sus amigos; de manera que al día siguiente reunió a todos los animales del bosque y les dijo:

—No hay en el mundo otro animal como yo, así que habéis tenido mucha suerte de que me hayan escogido para ser vuestro rey. Tratadme, pues, como a un rey.

Los tigres y los leones creyeron lo que decía el chacal. Los monos y los chimpancés lo creyeron también. Las serpientes y las ratas, las liebres y las tortugas, los halcones, los búhos y los ratones, todos creyeron al chacal azul. Y desde aquel día los animales lo trataron como a su rey, sin darse cuenta de que no era más que un chacal corriente teñido de añil.

El chacal azul no tardó en malacostumbrarse. Ahora no tenía que salir a cazar para alimentarse, porque los leones y los tigres le traían comida. No tenía que lavarse porque los monos se ocupaban de asearlo. Dormía en una cama de blandas hojas y olorosas flores, y todos los animales estaban obligados a hacerle reverencias.[1] Al final, el chacal azul se echó a perder y se convirtió en un ser insoportable.

—Ha ido demasiado lejos —dijeron los otros chacales—. Es un creído y un bobo. Puede que sea azul, pero no deja de ser un simple chacal. Si los otros animales supieran que es como cualquiera de nosotros, le perderían el temor y el respeto.

Así que planearon tenderle una trampa. Esperaron a que lucieran las primeras estrellas en el cielo, y entonces se acercaron sigilosamente[2] adonde el rey chacal, adornado con collares de flores, tenía su corte.[3] Los pájaros del bosque le estaban ofreciendo un concierto con sus trinos.[4] Los monos lo abanicaban con hojas. Los leones y los tigres montaban guardia y protegían a su rey.

Cuando la luna se elevó en el cielo, el chacal más viejo levantó la cabeza y comenzó a aullar. Los demás chacales lo imitaron. Nada más oír los aullidos, al chacal azul se le erizaron todos los pelos del cuerpo porque, después de todo, él no era más que un chacal como los demás y no podía resistirse a la vieja costumbre de aullar a la luna.

—¡Auuuuu! —aulló el chacal azul, levantando la cabeza y dejando caer sus collares de flores.

—¿Qué demonios es todo este jaleo? —gruñeron los leones y los tigres—. ¡Mirad! ¡Nuestro rey no es más que un chacal corriente y moliente!

---

1 **reverencia**: saludo que se hace inclinando el cuerpo.
2 **sigilosamente**: sin hacer ruido para que nadie se entere.
3 **corte**: lugar donde vive un rey junto a sus servidores.
4 **trino**: canto de los pájaros.

—¡Es un chacal, es un chacal! —gritaron los monos, tirando al suelo los abanicos—. ¡Vamos a por él!

Pero el chacal azul, percatándose[5] de que su reinado había tocado a su fin, había puesto ya pies en polvorosa.[6] Todos los animales corrieron tras él, pero no consiguieron darle caza. Y nunca más volvieron a saber del chacal azul.

Y es que, como dice el proverbio:

> *Cuando de lobo*
> *se disfraza el cordero,*
> *tarde o temprano*
> *se le ve el plumero.*

---

5 **percatándose**: dándose cuenta.
6 **poner pies en polvorosa**: huir.

La carrera del zorro y el cangrejo

Cuento de la China

El zorro se sentía muy orgulloso de correr tan deprisa. Estaba convencido de ser el animal de cuatro patas más rápido del mundo, y se lo tenía tan creído que despreciaba a cualquiera que fuese más lento que él. Un buen día vio a un cangrejo caminando por la orilla del río y le dijo:

—¡No sirves más que para arrastrarte! ¿Es que no vas nunca corriendo a ningún sitio?

—Claro que sí —respondió el cangrejo—. Voy corriendo desde el barro hasta la orilla del río, y desde la orilla al barro.

—¡Bah...! —exclamó el zorro—. Eso no es nada. Si yo tuviera ocho patas como tú, aún correría más rápido, que ya es decir... En cambio, ¿de qué te sirven a ti tantas patas si eres más lento que una tortuga? Me da que eres tonto de capirote.

El cangrejo se quedó pensando un momento, y luego dijo:

—¿Te gustaría hacer una carrera conmigo, zorro? Como soy tan lento y tan estúpido, seguro que me ganas.

El zorro era tan vanidoso y maleducado que no quiso desaprovechar aquella oportunidad de seguir presumiendo, aun-

que la carrera fuese tan injusta y desigual. De manera que aceptó el desafío.

—Pero, zorro —le advirtió el cangrejo—, tú tienes una ventaja respecto a mí. Cuando echas a correr, levantas tu cola peluda y larga, el viento la empuja con fuerza, y seguramente por eso vas tan rápido. Si dejas que te ponga algún peso en la cola para que vaya a ras de suelo, estaríamos en igualdad de condiciones.

—¡En igualdad de condiciones!… —se echó a reír el zorro—. Me parece que se te ha ido la chaveta, cangrejo. Pero si tanto te preocupa lo de la cola, átamela si quieres.

—Bastará con que me dejes colgarte algo de ella —dijo el cangrejo—; y cuando diga «¡Ya!», puedes echar a correr.

—Como tú quieras —contestó el zorro.

Un tirón de la cola

Poco después el zorro sintió un ligero peso en la cola y el cangrejo gritó: «¡Ya!». El zorro salió disparado, ¡pero el cangrejo se le había agarrado a la cola con sus pinzas! De manera que, por más que corría el zorro, el cangrejo iba siempre detrás, y sin hacer el menor esfuerzo.

Cuando el zorro no podía más de cansancio, se paró, jadeando, y se dio media vuelta para ver si el cangrejo aparecía a lo lejos. ¡Imaginaos la sorpresa que se llevó cuando vio al cangrejo a su lado, saludándolo alegremente con una de sus pinzas!

—¿Qué te pasa, zorro? —le preguntó el cangrejo—. ¿Ya te has cansado? ¡Pero si solo hace un rato que empezamos la carrera!

El zorro se sintió como un idiota, así que se largó de allí con el rabo entre las patas. No sabía que el cangrejo le había tomado el pelo. Después de aquella carrera, el zorro continuó siendo tan maleducado como siempre, pero nunca más volvió a presumir de su rapidez.

La urraca golosa

Cuento de Turquía

Había una vez una viejecita que estaba ordeñando su vaca porque le apetecía tomarse un buen tazón de leche caliente. Cuando hubo llenado el cubo, lo dejó en el corral y fue a buscar leña para encender el fuego.

Pero, mientras la anciana recogía la leña, una hermosa urraca pasó volando por encima del corral y descubrió el cubo lleno de leche.

«Caramba, ¿qué es lo que veo?», se dijo la urraca: «¡leche fresca y cremosa! ¡Vaya suerte la mía!», y bajó volando en picado. Pero tales eran sus ansias por beberse la leche que, al aterrizar apresuradamente sobre el borde del cubo, lo volcó y derramó todo su contenido por el suelo.

La urraca empezó a sacudirse la leche de las plumas, e intentaba coger al vuelo algunas gotas con su pico cuando la viejecita regresó cargada de leña. La mujer se dio cuenta enseguida de lo que había ocurrido y, de un rápido manotazo, atrapó a la urraca.

—¡Ya te tengo, urraca del demonio! —exclamó—. Ahora me las vas a pagar por haberme dejado sin leche.

Pero el animal, que ya se imaginaba friéndose a fuego lento en la sartén de la vieja, comenzó a chillar y a moverse con todas sus fuerzas para librarse de ella. Al final consiguió escapar, aunque no pudo evitar que la mujer se quedara con su hermosa cola azul y verde en las manos.

—¡Viejecita, viejecita! —exclamó la urraca—. ¡Devuélveme mi cola, por favor!

—Te la devolveré —respondió la anciana— cuando me traigas la misma cantidad de leche que has derramado.

De modo que a la urraca no le quedó más remedio que ir al establo y rogarle a la vaca:

—Vaca, vaquita, dame un poco de leche. Así se la podré entregar a la vieja y ella me devolverá mi cola.

—Te la daré —aseguró la vaca— si me traes un poco de hierba fresca y jugosa.

La urraca se marchó al campo más cercano dando saltos, porque sin la cola no sabía volar bien.

—Campo, campito —le dijo—, dame un poco de tu hierba fresca y jugosa. Si me la das, se la podré entregar a la vaca y ella me dará un poco de leche; entonces podré darle la leche a la vieja y ella me devolverá mi cola.

—Lo haré —le dijo el campo— si me traes un poco de agua fresca.

De nuevo la urraca se fue dando saltos hasta la carretera para buscar al aguador. Al verlo, le dijo:

—Aguador, aguador, te ruego que me des un poco de agua fresca para el campo. De esa manera el campo me dará un poco de hierba, yo le daré la hierba a la vaca, la vaca me dará un poco de leche, yo le entregaré la leche a la vieja y ella me devolverá mi cola.

—Lo haré —dijo el aguador— si me traes un huevo recién puesto para la comida.

La urraca, agotada de tanto ir de arriba para abajo, se marchó una vez más dando saltos en busca de una gallina.

—Gallina, gallinita —le dijo, jadeando, al verla—, por favor: ¿podrías poner un huevo y regalármelo? Si así lo haces, se lo podré dar al aguador y él me dará un poco de agua fresca y yo se la entregaré al campo y el campo me dará un poco de jugosa hierba y yo le daré la hierba a la vaca y la vaca me dará un poco de leche y yo se la daré a la viejecita y... ella... me... devolverá... mi... cola...

Y, después de decir esto, la urraca, muerta de cansancio, se desplomó al suelo.

—¡Santo Dios! —exclamó la gallina—: ¿pero qué te ha pasado, amiga urraca? ¡Quién te ha visto y quién te ve! ¡Llevas tus brillantes plumas llenas de polvo y suciedad! ¿Y adónde ha ido a parar tu preciosa cola? Vamos, vamos, no te preocupes —añadió al verla triste—. Las dos somos aves, y entre aves nos tenemos que ayudar.

Entonces la gallina se sentó y, al cabo de un minuto, empezó a cloquear.

—Ahí lo tienes, urraca: un sabroso huevo recién puesto.

—Oh, gracias, muchísimas gracias, querida gallina —respondió la urraca.

Entonces se sacudió las plumas y llevó el huevo rodando con el pico hasta donde estaba el aguador.

Luego el aguador le dio agua a la urraca.

La urraca le dio el agua al campo.

El campo le entregó la hierba a la urraca.

La urraca le dio la hierba a la vaca.

La vaca le dio la leche a la urraca («Anda, coge el cubo... deprisa», le dijo la vaca).

Y la urraca le entregó la leche a la viejecita.

—¿Podrías devolverme mi cola, por favor? —le preguntó entonces la urraca.

Al ver que el animal había cumplido su parte del trato, la vieja le devolvió su preciosa cola de plumas azules y verdes.

Más feliz que nunca, la urraca voló por todo el corral, moviendo al aire su preciosa cola y cantando alegre su desentonada canción. Mientras tanto, la vieja se puso a calentar la leche en el fuego y, cuando estuvo bien caliente, se sentó con toda calma a tomar un buen tazón.

Una tortuga muy presumida
Cuento de Nigeria

Hubo una vez una tortuga que era de lo más presumido y fanfarrón[1] que podáis imaginar. Se pasaba la vida diciendo que ella era capaz de hacerlo todo mejor que cualquier otro animal, y no le importaba emplear toda clase de trucos y mentiras para demostrarlo.

Un buen día se le ocurrió decir que iba a montar a un elefante, y todos los animales se burlaron de ella:

—¿Quieres hacernos creer que el elefante, con lo fuerte y poderoso que es, va a consentir que una concha con patas como tú lo monte como si fuera un burro?

—¡Os apuesto un canasto de oro a que voy a por un elefante y regreso al pueblo cabalgando sobre su lomo! —exclamó la tortuga, irritada.

Y, sin pensárselo dos veces, se fue a buscar al elefante.

—Buenos días, tortuga —bramó el elefante—. ¿Qué hay de nuevo?

—Bah, las tonterías de siempre... —respondió la tortuga—. Nada que deba preocupar a un animal tan fuerte y poderoso como tú.

—¿Qué tonterías? —preguntó el elefante, algo intrigado.[1]

—Bueno..., ya sabes lo envidiosos que son los animales... —dijo la tortuga, quitándole importancia al asunto—. Todos

---

1 **fanfarrón**: que dice cosas para hacer creer a los demás que es mejor que ellos, aunque no lo sea.
2 **intrigado**: con mucha curiosidad por saber algo.

te critican porque no vas nunca al pueblo. Naturalmente, yo les he dicho que alguien tan importante como tú está siempre muy ocupado y no tiene tiempo para hacer visitas, pero...

—¿Pero qué...? ¡Vamos, continúa! —le urgió el elefante.

—... pero ellos dicen... (no sé si atreverme a repetirlo)... que tú eres... demasiado gordo y perezoso como para acercarte caminando hasta el pueblo.

El elefante se puso hecho una furia, barritó[3] y arrancó un árbol con raíz y todo.

Asustada, la tortuga escondió a toda prisa su cabeza y sus patas en la concha, y esperó a que el elefante se calmara.

—Conque gordo y perezoso, ¿eh? —bramó el elefante.

—No les hagas caso, amigo —le dijo la tortuga para tranquilizarlo—. ¡Tengo una idea! ¿Por qué no vas al pueblo ahora mismo y haces que se traguen sus palabras? Yo podría servirte de guía.

El elefante aceptó la propuesta y los dos animales partieron enseguida hacia el pueblo. Pero apenas echaron a andar la tortuga le dijo al elefante:

—Espera, no corras tanto. Yo no puedo ir tan rápido como tú.

—Si vamos a tu paso —gruñó el elefante—, no llegaremos al pueblo ni la semana que viene.

—Entonces déjame que viaje encima de ti, y de ese modo te podré indicar mejor el camino y llegaremos mucho antes.

Al elefante le pareció una buena idea, de manera que enroscó la trompa alrededor de la tortuga y se la sentó en su lomo. Al cabo de un rato, los dos entraron en el pueblo.

Cuando los animales vieron llegar a la tortuga montada en el elefante se quedaron patidifusos. ¡Era increíble, pero la tor-

---

3 **barritar**: berrear el elefante.

tuga había ganado la apuesta! Sin embargo, todos se echaron a reír ante aquella situación ridícula: ¡nada menos que una tortuga montando a un elefante!

Al verlos desternillarse de risa, el elefante montó en cólera y cargó contra todo bicho viviente. La tortuga tuvo que agarrarse con todas sus fuerzas al cuello del elefante para no salir volando por los aires.

—¿Por qué se burlan de mí? —bramó el elefante.

La tortuga era tan presumida y vanidosa que no se resistió a confesarle la verdad:

—Se ríen porque me han visto entrar al pueblo montada sobre ti como si yo fuese el amo y tú el esclavo. Es más, les aposté un canasto de oro a que lo conseguiría, y ahora voy a ser la tortuga más rica del país.

Al oír aquello, el elefante barritó salvajemente y, de una sacudida, lanzó por los aires a la tortuga, que fue a parar a un barrizal cercano. A continuación metió la trompa en un charco y roció con agua y barro a todos los animales, que huyeron

despavoridos.⁴ Luego salió disparado hacia la selva y nunca más regresó al pueblo.

La tortuga salió arrastrándose del charco y fue a cobrar el oro que le debían. Con todo, lo que la hizo más feliz no fue el dinero, sino que la ingenuidad⁵ del elefante le había dado un buen motivo para presumir durante el resto de su vida.

---

4 **despavoridos**: aterrorizados, muertos de miedo.
5 **ingenuidad**: inocencia; lo que demuestra quien, como no se imagina que los demás puedan mentir o hacer trampas, se cree todo lo que le dicen por absurdo que sea.

El pelícano y el pez
Cuento de Malasia

Hace mucho tiempo, un pez vivía con su esposa y sus hijitos en una pequeña laguna alimentada por las aguas de una cascada espumeante. Los peces llevaban una vida feliz y tranquila, sin la menor preocupación.

Pero, un buen día, un pelícano se plantó en la orilla de la laguna y le dio una mala noticia al pez:

—¡Vaya por Dios —le dijo—, con lo bonita que es esta laguna!… ¿No es una pena que dentro de poco vaya a secarse?

—¿Secarse? —exclamó el pez al tiempo que sus aletas se echaron a temblar—. ¿Qué quieres decir?

—¡Cómo! ¡No me digas que no lo sabes! —dijo el pelícano—. Hay una terrible sequía que está dejando los ríos sin agua. Muy pronto esta hermosa cascada dejará de verter agua sobre la laguna y entonces el sol abrasador la secará.

—Pero ¿qué voy a hacer ahora? —se lamentó el pez—. ¿Qué será de mi familia, mi esposa y mis hijitos?

El pelícano no respondió, pero los ojos se le iluminaron cuando el pez mencionó a sus hijitos.

—Tengo que encontrar un nuevo hogar cuanto antes —añadió el pez, desesperado.

—Bueno…, yo podría ayudarte a encontrarlo —le dijo el pelícano—. Como vuelo por los aires, conozco mucho más mundo que tú. Y sé de otra hermosa laguna que es alimentada por una corriente de agua subterránea y que, por tanto, nunca se secará.

—¡Estupendo! —exclamó el pez—. ¿Pero cómo podremos llegar hasta allí?

—Es muy fácil —dijo el pelícano—. Yo puedo llevarte en mi gran pico hasta la laguna, y así podrás echarle un vistazo. Si te gusta, te puedes quedar allí mientras yo regreso a por el resto de tu familia.

El pez pensó que aquélla era una oferta generosa, y la aceptó agradecido. De manera que el pelícano bajó su enorme pico al agua y el pez entró nadando en él, aunque el interior le pareció un lugar oscuro e incómodo. Entonces el pelícano fue caminando, con sus largas y flacas patas, hasta la siguiente laguna y, una vez allí, esperó un rato antes de soltar el pez en el agua. Así que, cuando el pez salió del pico, estaba convencido de que había recorrido muchos kilómetros.

—¡Oh, qué laguna tan preciosa! —exclamó el pez—. Aquí seremos muy felices. ¿Cómo podré agradecértelo, pelícano?

—No tiene ninguna importancia, amigo —contestó el pelícano, al tiempo que sonreía para sus adentros.

El pez se puso a nadar en la nueva laguna mientras esperaba a que el pelícano le trajera a su familia. Pero por más que esperó y esperó, su esposa y sus hijitos no llegaban, así que empezó a preocuparse.

Mientras tanto, en la primera laguna, la esposa del pez y sus hijitos estaban ansiosos por meterse en el pico del pelícano para reunirse con el padre. Pero cuando el pelícano se los hubo metido en el pico, se los llevó a un rincón apartado del río… ¡y se los zampó! No contento con eso, el muy glotón regresó a la laguna en busca de algo más que echarse a la boca porque todavía tenía hambre.

Al llegar a la laguna, el pelícano se topó con un cangrejo que estaba tumbado tranquilamente y agitaba sus pinzas en el aire para entretenerse.

—¡Vaya por Dios —exclamó el pelícano—, qué pena que esta preciosa laguna se vaya a secar!

Pero el cangrejo era mucho más listo que el pez. Había visto lo que les había sucedido a los peces, y decidió que en esta ocasión el pelícano no se saldría con la suya.

—¿Por qué no te acercas y me lo explicas con más detalle? —le preguntó astutamente el cangrejo.

Dispuesto a zamparse al cangrejo, el pelícano se inclinó mientras sonreía con su enorme pico, pero el cangrejo le lanzó

sus dos pinzas y le apretó el cuello con todas sus fuerzas hasta sofocarlo. Entonces el pelícano empezó a expulsar por la boca, uno tras otro, a todos los peces que se había tragado hasta que por fin salió la madre. El cangrejo siguió apretándole el cuello, pero el padre no apareció. Así que dejó marchar al pelícano, que huyó, tambaleándose, para probar su truco en otra laguna.

El pez, asustado al no ver a su familia, decidió nadar río arriba y no tardó en encontrar su hogar: la cascada seguía cayendo con fuerza y el agua fluía abundante y clara como siempre. Pero la mayor alegría fue ver a su esposa y sus hijitos nadando felizmente en la laguna.

—¡Hogar, dulce hogar! —gritó con alegría.

Y es que, aunque el pez se sentía feliz de haber recorrido mundo, ¡aún se sentía más feliz de encontrarse de nuevo en casa!

actividades

El caimán y el chacal

Argumento y comentario

1. En los cuentos se suele pintar al **chacal** como un animal **inteligente** y **astuto**. Y así se comporta el chacal de este cuento, pues, cuando nota que una de sus patas ha quedado «atrapada entre dos hileras de dientes», ¿cómo se las arregla para liberarse? (pág. 10) ¿Te parece una idea ingeniosa?

2. El caimán no está dispuesto a quedarse sin su plato favorito, así que intenta cazar al chacal mediante **trucos**. ¿Qué **tres trampas** le tiende el caimán al chacal para atraparlo? ¿Lo consigue? Sus trucos, ¿te hubieran engañado a ti? ¿Por qué?

3. Pero **el chacal es muy listo** y no se deja cazar tan fácilmente. ¿De qué modo consigue averiguar en las tres ocasiones dónde se ha escondido el caimán?

4. Señala con una flecha los rasgos de **carácter de cada animal**:

chacal

caimán

obstinado, testarudo
ingenioso
inocente, ingenuo
burlón
prudente
rabioso

actividades

Expresión

1 Al final del cuento el caimán comprueba que cazar chacales es difícil y peligroso, de modo que se resigna a alimentarse de cangrejos. Pero ahora imagínate **un final distinto**: el caimán les pide ayuda a los cangrejos para atrapar al chacal. ¿Les conviene a los cangrejos prestarle ayuda al caimán? ¿Cómo podrían ayudarlo? Invéntate este otro final.

2 **Expresa de otro modo** las siguientes frases que aparecen en el cuento:

a) Se le hizo la boca agua:

b) Hoy voy a andarme con cien ojos:

c) El chacal puso pies en polvorosa:

d) Aquí hay gato encerrado:

e) El caimán echaba chispas por los ojos:

f) En menos que canta un gallo:

El leopardo ingenuo

Argumento y comentario

1. En muchos cuentos de animales **el débil acaba venciendo al fuerte** y el pequeño al grande. Es un modo de decirnos que la inteligencia y la astucia pueden vencer siempre a la fuerza bruta. Así ocurre en «El leopardo ingenuo». ¿Cómo consigue el carnero asustar al leopardo en su primer encuentro? (pág. 17) Poco después, ¿cómo reacciona el chacal cuando el leopardo le explica lo que ha ocurrido? (pág. 18)

2. Al día siguiente, ¿por qué decide el chacal atar al leopardo a su cintura con una correa de piel?

3. Relaciona a cada uno de los animales del cuento con la acción que lleva a cabo o con el carácter que tiene. Por ejemplo, al chacal (c) le corresponde lo que se dice en (4).

Acciones que realiza o carácter que tiene	Animal
1. Es el animal más miedoso del cuento	a. Leopardo
2. Aterroriza al leopardo con su grito	b. Carnero
3. Se le ocurre el plan para espantar al leopardo	c. Chacal
4. Acaba lleno de rasguños	d. Oveja
5. Dice que es el terror de los animales fieros	e. Corderito

actividades

Expresión

1. Imagínate que, después de la huida desenfrenada del leopardo con el chacal a rastras, los dos animales se detienen, agotados y llenos de rasguños. **Invéntate el diálogo** que mantendrían. El chacal, como es natural, estará hecho una furia, y al leopardo todavía no se le habrá quitado el miedo del cuerpo. Por si fuera poco, no encontrarán manera de quitarse la correa que les ata el uno al otro.

2. Supón que, unos años más tarde, el carnero y su esposa le explican a su hijo lo ocurrido con el leopardo. **Escribe el diálogo** que mantendrían los tres. El carnero puede exagerar el valor que demostró ante el peligro y su hijo le hará muchas preguntas en las que demostrará la admiración por su padre.

La gata y los ratones

Argumento y comentario

[1] La gata de este cuento ya **no puede cazar ratones**. Marca con una cruz los motivos:

☐ se ha hecho vieja ☐ quedan pocos ratones

☐ se ha quedado coja ☐ está muy gorda

[2] Pero la gata no está dispuesta a quedarse sin comer, así que un buen día llama a los ratones, les dice que está arrepentida de haber sido mala con ellos y les promete que no volverá a cazar ningún ratón. ¿Pero qué les pide a cambio? ¿Cuáles son las verdaderas intenciones de la gata?

[3] La gata es muy astuta, pero **los ratones Lu-sin y Lin-piao son más astutos todavía**. ¿Qué se les ocurre a los dos amigos para asegurarse de que la gata no se comerá a ningún ratón? ¿Consiguen su propósito?

Expresión

[1] Al final del cuento, los ratones celebran cada día la marcha de la gata con un alegre desfile en el que expresan su admiración por Lu-sin y Lin-piao. Invéntate **la letra y la música de una canción** con la que podrían rematar el desfile. En la can-

actividades

ción los ratones explican cómo vencieron a la gata y alaban la inteligencia de Lu-sin y Lin-piao.

2 Para asegurarse de que todo va bien durante el desfile ante la gata, Lu-sin y Lin-piao se van hablando continuamente. Pero en lugar de preguntarse simplemente si el otro está bien, se dicen **frases hechas** que molestan a la gata. Indica con una flecha el **significado de cada una de esas frases**:

1) Aquí hay gato encerrado
2) Nos llevaremos el gato al agua
3) La gata tiene muy malas pulgas
4) No somos cuatro gatos
5) La gata está hecha un pellejo
6) La gata perdió los estribos

a) No somos pocos
b) La gata está muy delgada
c) Hay algo que no se entiende y que es una trampa
d) La gata se puso muy nerviosa
e) Conseguiremos lo que queremos
f) La gata tiene muy mal genio

El lobo que adoraba las ovejas

Argumento

1. La astuta oveja Adela engaña cuatro veces al lobo Venancio. ¿Cómo evita la oveja que el lobo se la coma en su primer encuentro?

2. Al cabo de un mes, el lobo regresa a por la oveja. ¿Cómo consigue engañarlo y burlarse de él esta vez?

3. El lobo se enfada mucho porque se da cuenta de que la oveja lo ha engañado; pero, cuando se dispone a devorarla, Adela le toma el pelo una vez más. ¿Qué le dice que encontrará por la noche sobre la superficie del agua? ¿Qué hace el lobo al llegar la noche? ¿Qué opinas del comportamiento del lobo?

4. Pero el lobo no escarmienta y le concede un último favor a Adela. ¿Cuál es? ¿Cómo lo engaña la oveja por última vez?

Comentario

1. El **lobo** aparece en algunos cuentos famosos como «Caperucita roja» y «El lobo y los siete cabritillos». ¿En qué se diferencia Venancio de los lobos que aparecen en esos cuentos?

2. ¿Crees que la oveja Adela es **prudente** al principio del cuento? ¿Por qué?

actividades

3. Al final la oveja consigue que el lobo la deje en paz. **El animal débil ha vencido al fuerte** gracias a su inteligencia. ¿Te gusta que el pequeño o el débil venza al grande o al fuerte? ¿Por qué?

El zorro y el indio fanfarrón

Argumento

1. Al principio del cuento, ¿qué cree el zorro que se acerca por el camino? ¿Por qué se confunde?

2. El indio es muy fanfarrón y se describe a sí mismo con palabras muy elogiosas. En la siguiente lista, subraya las palabras que el indio **no** emplea para describirse y di qué tienen en común:

valiente	ingenioso	flaco
esmirriado	apuesto	fuerte

3. ¿Por qué decide el zorro meterse en la bolsa del joven indio? ¿Cómo lo consigue? ¿De qué manera se escapa poco después?

4. Al llegar al pueblo de su novia, el indio abre la bolsa de cuero y no halla nada en su interior. ¿Cómo reaccionan entonces los vecinos de Esbelta Garza?

Comentario

1. Al final del cuento, ¿con qué palabras describen los hombres del pueblo a Pluma de Halcón? ¿Te parecen apropiadas para el joven indio? ¿Por qué?

2. Con la barriga llena, el zorro se ríe del indio y dice al final del cuento una frase que resalta la **principal cualidad del zorro**. Lee de nuevo la frase y di qué cualidad del zorro destaca.

El conejo astuto

Argumento y comentario

1. Un astuto conejo y un loro **deciden vender su granja** porque son muy perezosos y no desean trabajar. ¿A qué animales les vende la granja el conejo? ¿Por qué escoge a esos animales y no a otros? ¿Por qué acuerda entregarles a todos la granja el mismo día?

2. Marca con una cruz la **actitud que adopta el loro** el día de la cosecha:

   ☐ Toma el fresco subido a un árbol y espera a que el conejo termine de recoger la cosecha para ir a jugar.

   ☐ Mientras el conejo trabaja, el loro duerme tan tranquilo.

   ☐ Subido a un árbol, vigila el camino y avisa al conejo cuando se acercan los diversos compradores de la granja.

3. El conejo ofrece **un vaso de limonada** a todos los compradores, ¿pero quién se acaba bebiendo la limonada? ¿Por qué?

Expresión

1. Al final del cuento, el loro y el conejo tienen una breve conversación en que emplean la **ironía**. Esto es, dicen algo con la intención de que se entienda otra cosa. Con ello pretenden burlarse de los demás animales. Por ejemplo, el conejo dice:

el conejo astuto

«Tiene gracia que, después de todo, a nadie le haya interesado quedarse con la granja»; y el loro contesta: «No puedo entender cómo a la gente le cuesta tanto decidirse». ¿Es verdad lo que dicen? ¿Qué ha ocurrido en realidad?

2 El conejo acaba diciendo: «Por suerte tenemos recogida ya la cosecha». ¿Qué es una **cosecha**? ¿Y a qué se refiere el conejo?

3 El loro avisa al conejo de la llegada de los compradores con una frase en que dos palabras **riman** (acaban igual). Por ejemplo: «¡Peligro, mucha atención, que veo venir al perro marrón!». Imagina que el loro debe avisar a su amigo de que viene una serpiente, un león o cualquier otro animal que elijas. **Escribe una frase** como la del loro para advertir al conejo de la llegada de alguno de esos animales.

4 Ahora imagina que el loro y el conejo se pelean entre sí y lo único que desean es quedarse con todo el dinero, para lo cual cada uno de ellos **le tiende una trampa** a su antiguo amigo. **Escribe esa historia**.

El chacal azul

Argumento y comentario

1. El protagonista de este cuento es **un chacal muy listo** que se aprovecha de una situación que para otros hubiera sido humillante. ¿Qué le pasa al principio del cuento y cómo le saca partido a la situación en que se encuentra?

2. Vamos a repasar algunas escenas del cuento protagonizadas por el chacal. Indica con una flecha el **rasgo de carácter** que en cada caso demuestra el astuto animal:

   1) Acercarse a la bañera y caer en su interior   **a)** Astucia

   2) Hacerse el muerto ante el peligro

   3) Explicar a sus hermanos que una diosa lo ha cambiado de color   **b)** Curiosidad

   4) Decirles a los animales que es el nuevo rey del bosque   **c)** Ambición

3. ¿Cómo consiguen los chacales hacerles ver a los demás animales que el chacal azul les engañaba? ¿Por qué lo hacen?

Expresión

1. Durante el tiempo que reina en el bosque, el chacal azul tiene que poner a prueba su ingenio para **resolver los problemas** que los demás animales le plantean. Escoge una de las tres

situaciones siguientes y explica en diez o quince líneas cómo la resuelve el chacal:

a) El elefante cree que, como él es el animal más grande y fuerte de la selva, él debe ser el rey, así que va a ver al chacal con la intención de destronarlo si no supera una prueba que piensa proponerle.

b) Llegan unos cazadores a la selva y todos los animales acuden al chacal azul para que expulse a los temibles seres humanos.

c) Empieza la estación de las lluvias y el chacal se da cuenta de que el agua le hace perder el tinte azul; si no resuelve el problema, todos los animales se darán cuenta de que es un chacal corriente y moliente.

2. Un buen día el chacal acepta que cada año se nombre **un rey diferente** entre todos los animales. Dividid la clase en grupos de tres alumnos y alumnas y que **cada grupo escoja a un animal** (león, mono, elefante, etc.) **para suceder al chacal**. Decidid y anotad las razones por las que lo habéis escogido, defended vuestra postura en un debate en clase y votad al animal que os parezca más capaz para ser rey.

La carrera del zorro y el cangrejo

Argumento y comentario

1. El zorro de este cuento se burla despiadadamente de un cangrejo. ¿Qué le echa en cara el zorro al pequeño animal?

2. El cangrejo se harta de los insultos del zorro y lo desafía a una carrera. ¿Cómo se las ingenia el cangrejo para ganarle?

3. Ya sabemos que el **zorro** es un animal que se caracteriza por su **astucia**. Pero en este cuento **tiene un feo vicio**, y es el cangrejo quien acaba burlándose de él porque le supera en astucia. ¿Qué vicio tiene el zorro de este cuento?

Expresión

1. Este cuento es una versión china de **la fábula de la liebre y la tortuga**. Buscad esta conocida fábula de Esopo y leedla en clase. Después comentad en qué se parece y en qué se diferencia del cuento del zorro y el cangrejo.

2. Supón que, en lugar del cangrejo, el animal que tiene que competir con el zorro es una **rana**, una **pulga** o una **oruga**.

¿Se te ocurre alguna idea ingeniosa para que puedan ganarle la carrera?

3 El zorro le dice al cangrejo que es «más lento que una tortuga». Ésta es una de las muchas frases hechas en que los **rasgos propios de algunos animales se aplican a las personas**. Indica con una flecha el significado de las frases hechas siguientes:

1) Estar como una cabra   a) Pelearse de continuo
2) Dar gato por liebre   b) Tener sospechas de algo
3) Tener vista de lince   c) Engañar dando una cosa
4) Estar como el ratón y el gato   mala por otra mejor
5) Tener el cerebro de un   d) Tener muy buena vista
   mosquito   e) Correr mucho
6) Correr como una liebre   f) Estar loco, chiflado
7) Tener la mosca en la oreja   g) Ser poco inteligente

La urraca golosa

Argumento y comentario

1. Una viejecita ordeña una vaca, llena un cubo de leche y una urraca muy golosa la derrama accidentalmente. ¿Qué le ocurre entonces a la urraca?

2. La urraca, para recuperar su cola, deberá entregarle a la anciana la leche que ha derramado, pero eso se convertirá en una tarea muy penosa porque nadie quiere entregarle a la urraca lo que desea a cambio de nada. Indica el orden con que la urraca visita a los personajes de la columna de la izquierda. Luego señala con una flecha lo que cada uno le ofrece:

   campo   huevo
   vaca   hierba fresca
   (4) aguador   leche
   gallina   agua fresca

3. ¿Qué animal le da a la urraca lo que le pide sin exigirle nada a cambio? ¿Por qué?

Expresión

1. En este cuento se parte de una situación que obliga a un personaje a ir de un lado para otro para conseguir lo que desea. **Invéntate uno parecido** en que los protagonistas sean **un gato y un ratón**. Procura que la cadena de personajes sea creíble y original.

la urraca golosa

2 En un **poema anónimo** titulado «Ésta es la llave de Roma» se explica una historia encadenando los sucesos como en el cuento de «La urraca golosa». Inspirado en ese poema anónimo, **Rafael Alberti** compuso otro titulado «Nocturno». (Este último lo encontrarás en *Arroyo claro, fuente serena*, volumen 7 de esta colección). Traed a clase esas poesías y leedlas en voz alta.

Una tortuga muy presumida

Argumento

1. ¿Cómo consigue la tortuga que el elefante la lleve a lomos hasta el pueblo? ¿Le dice la verdad al elefante? ¿Por qué actúa así?

2. Una vez en el pueblo, ¿cómo reciben al elefante el resto de los animales? ¿Y cómo reacciona el elefante?

3. ¿Por qué al final se queda la tortuga tan contenta? ¿Es quizá por el dinero que ha ganado en la apuesta?

Comentario y expresión

1. Como en todas las fábulas, los animales de este cuento tienen **rasgos de carácter que son propios de las personas**. ¿Cómo son la tortuga y el elefante de esta historia? ¿Qué reacción propia de los seres humanos tienen el resto de los animales? ¿Crees que los animales pueden ser así?

2. Ahora vamos a imaginarnos que son **las personas las que se parecen o se comportan como algunos animales**. ¿Por qué dirías de alguien que es como un loro, un caracol, un búho, un mono, un león, un cerdo, un buitre, una gacela o un pajarito?

El pelícano y el pez

Argumento

1. En los cuentos de animales, muchas veces la historia trata de cómo conseguir comer... o que no se lo coman a uno. Normalmente gana el más astuto. Pero en este cuento no sucede así, pues el pelícano es más listo que el pez y, sin embargo, no consigue comérselo. ¿Cómo se las ingenia el pelícano para que el pez se le meta en la boca?

2. ¿Qué animal demuestra ser más astuto que el pelícano? ¿Qué consigue al apretarle el cuello con las pinzas?

Comentario y expresión

1. El **pez** de este cuento **es muy ingenuo**. ¿Por qué él ni sus hijitos debían haberse metido nunca en el pico del pelícano?

2. El pelícano se traga a toda la familia del pez, pero al final no consigue comer un solo pececito. ¿Qué **vicio** se lo impide?

3. El cuento acaba bien gracias a la ayuda del cangrejo. Pero ¿se te ocurre otro modo de que **el cuento acabe felizmente**? Si no estás inspirado, piensa en el final del cuento «El lobo y los siete cabritillos».

Actividades de conjunto

1 En la mayoría de los cuentos de *Un tirón de la cola*, **un animal se enfrenta a otro**, y el más astuto o inteligente acaba venciendo casi siempre al más simple o ingenuo. Haz dos listas con los animales protagonistas de estos cuentos: en una de ellas anotas los más listos o astutos y en la otra los más tontos o ingenuos.

Inteligentes o astutos	Simples o ingenuos

¿Quiénes son más fuertes, los astutos o los ingenuos? ¿Y quiénes vencen, los fuertes o los débiles? Di cuál de los animales inteligentes te ha gustado más y cuál de los tontos te ha hecho más gracia.

2 Copiad en la pizarra los títulos de todos los cuentos y **votad por el que más os haya gustado**. Comentad entre todos los alumnos y las alumnas el porqué de vuestra elección.

actividades de conjunto

3. Las **ilustraciones** les dan más vida a los cuentos y nos ayudan a imaginarnos mejor la historia. Si en las actividades de expresión has escrito algún breve relato o conversación, **dibuja algunas ilustraciones** para acompañar tu cuento.

4. Traed a clase algún libro de **fábulas en verso** y leed alguna de ellas. Las fábulas de «La cigarra y la hormiga», «El león y el ratón» y «El zorro y el cuervo» son muy entretenidas. En *Arroyo claro, fuente serena* (volumen 7 de esta colección), encontrarás una divertida colección de fábulas en verso.

5. Dividid la clase en grupos y preparad la **escenificación** de algún cuento del libro. Repartíos los papeles y completad los diálogos si es necesario.

CUCAÑA

1. Oscar Wilde
   El Gigante egoísta y otros cuentos
   Ilustraciones de P. J. Lynch

2. Steven Zorn
   Relatos de fantasmas
   Ilustraciones de John Bradley

3. William Irish
   Aprendiz de detective
   Un robo muy costoso
   Ilustraciones de Rubén Pellejero

4. Edith Nesbit
   Melisenda
   Ilustraciones de P. J. Lynch

5. Isaac Asimov
   Amigos robots
   Ilustraciones de David Shannon

6. Martin Waddell
   La Biblia. Historias del Antiguo Testamento
   Ilustraciones de Geoffrey Patterson

7. Varios autores
   Arroyo claro, fuente serena
   Antología lírica infantil
   Ilustraciones de Claudia Ranucci

8. Cornell Woolrich
   El ojo de cristal
   Charlie saldrá esta noche
   Ilustraciones de Tha

9. Varios autores
   La rosa de los vientos
   Antología poética
   Ilustraciones de Jesús Gabán

10. L. Frank Baum
    El mago de Oz
    Adaptación de James Riordan
    Ilustraciones de Victor G. Ambrus

11. Reiner Zimnik
    Los tambores
    Ilustraciones de Reiner Zimnik

12. Mary Hoffman
    Un tirón de la cola
    Ilustraciones de Jan Ormerod

13. Anónimo
    El jorobado y otros cuentos
    de «Las mil y una noches»
    Versión de Brian Alderson
    Ilustraciones de Michael Foreman

14. Rudyard Kipling
    Las aventuras de Mowgli
    Ilustraciones de Inga Moore

15. Horacio Quiroga
    Anaconda
    y otros cuentos de la selva
    Ilustraciones de Ángel Domínguez

16. H. C. Andersen
    La Reina de las Nieves
    Ilustraciones de P. J. Lynch

17. Varios autores
    La Bella y la Bestia
    y otros cuentos maravillosos
    Ilustraciones de P. J. Lynch

18. Charles Perrault
    Riquete el del Copete
    Ilustraciones de Jean Claverie

19. Anónimo
    Simbad el marino
    Adaptación de Agustín Sánchez Aguilar
    Ilustraciones de Amélie Veaux

20. Daniel Defoe
    Robinson Crusoe
    Adaptación de Eduardo Alonso
    Ilustraciones de Robert Ingpen

21. Eduardo Soler
    Atina y adivina
    Ilustraciones de Nivio López Vigil

22. Victor Hugo
    El jorobado de Notre Dame
    Adaptación de Miguel Tristán
    Ilustraciones de Alberto Urdiales

23. Jerry Pinkney
    Fábulas de Esopo
    Ilustraciones de Jerry Pinkney

24. Hugh Lupton
    **La voz de los sueños
    y otros cuentos prodigiosos**
    Ilustraciones de Niamh Sharkey

25. Charles Dickens
    Cuento de Navidad
    Adaptación de Pablo Antón Pascual
    Ilustraciones de Christian Birmingham

26. Horacio Quiroga
    El devorador de hombres
    Ilustraciones de François Roca

27. Steven Zorn
    Relatos de monstruos
    Ilustraciones de John Bradley

28. Rudyard Kipling
    Los perros rojos. El ankus del rey
    Ilustraciones de Francisco Solé

29. Miguel de Cervantes
    Don Quijote
    Adaptación de Agustín Sánchez
    Ilustraciones de Svetlin

30. Brendan Behan
    El príncipe y el gigante
    Ilustraciones de P. J. Lynch

31. H.C. Andersen
    El ruiseñor y otros cuentos
    Versión de Francisco Antón
    Ilustraciones de Christian Birmingham

32. Juan Ramón Jiménez
   Estampas de *Platero y yo*
   Selección de Juan Ramón Torregrosa
   Ilustraciones de Jesús Gabán

33. Gotffried A. Bürger
   Las aventuras del barón de Munchausen
   Adaptación de Eduardo Murias
   Ilustraciones de Svetlin

34. Jonathan Swift
   Los viajes de Gulliver
   Adaptación de Martin Jenkins
   Ilustraciones de Chris Riddell

35. Charles Dickens
   Oliver Twist
   Adaptación de Pablo Antón Pascual
   Ilustraciones de Christian Birmingham

36. Juan Ramón Jiménez
   El iris mágico
   Antología lírica
   Selección de Juan Ramón Torregrosa
   Ilustraciones de Jesús Gabán

37. Mino Milani
   Un ángel, probablemente
   Ilustraciones de Gianni de Conno

38. Rudyard Kipling
   Kim
   Adaptación de Eduardo Alonso
   Ilustraciones de Francisco Solé y Fuencisla del Amo

39. Agustín Sánchez Aguilar
    La leyenda del Cid
    Ilustraciones de Jesús Gabán

40. Walter Scott
    Ivanhoe
    Adaptación de Manuel Broncano
    Ilustraciones de John Rush

41. Jules Verne
    Miguel Strogoff
    Adaptación de José Mª Pérez Zúñiga
    Ilustraciones de Javier Serrano